14 juillet

Le changement, c'est maintenant.

François

Avec une pensée pour tous les camarades présents sous les drapeaux. Vous aurez toujours le soutien de tous ceux que vous protégez avec une abnégation qui ne peut souffrir aucune critique.

Merci à vous, soldats passés, présents et futurs.

1.

Mise en place.

-Pour l'ensemble, Garde-à-vous !

Les talons claquent dans un unique élan de toute la compagnie.

-Repos !

Les bras passent se cacher derrière les hommes à la hauteur du ceinturon conformément au règlement qui régit la vie de ce groupe depuis leur arrivée sous les drapeaux qui claquent loin au-dessus de leur tête. Les yeux rivés sur leur chef, les hommes subissent une dernière inspection de leur chef, la dernière avant le grand moment.

Après les caporaux et les sergents, c'est le dernier regard expert pour les uniformes, rangers et médailles de chacun d'entre eux. L'inspection est moins poussée que les précédentes, mais l'attention du commandant ne laissera aucun faux pli ni aucune marque sur les rangers ou médailles passés entre les mailles de ce dernier passage en revue. Sans surprise, ils sont parfaits, parfaitement prêt pour ce grand jour.

Aujourd'hui, comme trois années auparavant, les hommes de son unité auront la chance d'être mis à l'honneur. Ils vont montrer leur visages et leurs nombreuses médailles à la population qu'ils défendent sans qu'elle les voit ni même en aient conscience. Les uniformes apparaissent quelquefois à la télévision entre deux reportages sur des sujets plus intéressants et utiles comme les vacances de Nabila ou la dernière blague d'Hanouna.

Les français savent qu'ils existent et prennent conscience de leur existence quand ils en croisent dans les gares et aéroport, mais cette conscience disparait aussi vite qu'elle est apparu dans leur quotidien. Occupés à travailler quand ils en ont encore la chance, les français n'ont guère de temps de cerceau disponible pour penser à ces hommes qui oeuvrent au quotidien pour les servir de manière souvent indirecte, mais ils travaillent durs dans ce sens. Avec leur vie au bout du fusil pour que les cerveaux restent disponibles pour Coca-cola et consorts.

Disponibles pour les publicités, les esprits peuvent dépenser à foison le peu d'argent qu'il leur reste après le passage des percepteurs de ce gouvernement contraint de financer à contre-cœur cette armée qu'il exècre. Les honneurs vont être rendus à cette armée devenue le parent pauvre des budgets pour son plus grand malheur.

Emu, comme il l'a toujours été avant ce grand remerciement national annuel, le commandant ne l'est plus comme auparavant. Emu d'être mis à l'honneur, il ne l'est plus maintenant que par une certaine mélancolie en passant entre les rangs de ses hommes. Ils sourient et bombent le torse comme ils l'ont toujours fait en toutes occasions et gardent pour eux les souvenirs des deux hommes manquants à l'appel depuis l'embuscade subie dans les reliefs maliens.

Franck aurait dû être là, à côté du grand Guillaume si son véhicule ne l'avait pas lâché au plus mauvais moment. Il aurait dû être là si les mécaniciens avaient eu le budget pour commander des pièces neuves au lieu de prolonger encore et encore des pièces usées jusqu'à la corde. La larme à l'œil, il tourne le regard vers ce drapeau qu'il a juré de servir jusqu'au bout, jusqu'à mettre sa vie au bout du fusil et il se tait. Ses hommes savent ce qu'il pense en cet instant, mais il ne peut leur montrer cette tristesse partagée.

-Direction les bus pour embarquer.

Les hommes virent tous sur la droite pour l'exécution de l'ordre attendu. En file, ils avancent dans les bus pour se rendre sur les célèbres Champs-élysées. La fierté d'exhiber les médailles devant le chef des armées n'est plus là, mais ils doivent le faire, ne serait-ce que pour que leurs camarades ne soient pas tombés pour rien. Pas un mot n'est échangé, seuls les regards parlent. Ils parlent de fraternité, ils parlent de conviction dans l'exécution de leur métier. Ils sont la grande muette et ils ne parlent pas. Ils ne sont pas payés pour parler. Ils sont payés et vivent pour agir. Ils agissent aux ordres de tout un gouvernement qui les méprise et méprise ce défilé qu'il a maintes fois essayé de faire supprimer, mais le peuple reste amoureux de ses soldats. Ses soldats sont eux, un eux jeune et éternel.

Le peuple les aime, mais il reste encore quelques français qui ne comprennent pas cet amour comme peut le voir Alexandre un petit kilomètre après que le bus ait quitté la caserne. Concentré sur le défilé à venir, il est sorti de ses pensées par un coup sur le carreau. Sa tête se tourne pour découvrir le jaune gluant d'un œuf glissé le long de la vitre au milieu de morceaux de coquilles à travers lesquels un groupe de punks à chien apparait dans une image aussi trouble que la société rêvée par ce groupe de grands rebelles protégés comme un espèce en voie de disparition par le gouvernement devant lequel ils vont défiler.

« Et c'est pour ça qu'on risque nos vies », pense Alexandre avec une certaine mélancolie que les visages voisins expriment eux aussi.

-Le lien armée nation à la mode actuelle, soupire un vieux caporal assis au fond du bus.

Personne ne prolonge la bonne parole et le résumé du sentiment général qu'elle fait de la journée à venir. Ils se battent pour ces gens et partent à l'autre bout du monde risquer leur peau à la demande de ces gens comme ils le font pour ce gouvernement sans reconnaissance.

Comme ces jeunes, le gouvernement devant lequel ils vont présenter les armes a détruit les budgets en détruisant le potentiel opérationnel de toutes ces troupes qu'ils utilisent avec une prodigalité encore jamais vue depuis la fin de la guerre d'Algérie. Il les envoie de partout au nom de politique humanitaire pour des guerres préventives et des apports de démocratie qu'aucun des passagers du bus n'a jamais vu sur le terrain.

Il les met en danger, mais ils vont lui rendre honneur parce qu'ils obéissent, parce qu'ils ne parlent pas.

En pleine effervescence.

Seule voiture sur la plus belle avenue du monde, Catherine ne fête pas ce jour sans embouteillage comme elle l'aurait imaginé. Loin de profiter pour appuyer sur l'accélérateur pour une pointe de vitesse, elle descend l'avenue au pas en compagnie de son adjoint. Les têtes penchées au-dessus du tableau de bord, les deux policiers scrutent les étages des immeubles à la recherche des dernières situations non-conformes au plan d'action mis en place par la conductrice. Avec une attention particulière sur les fenêtres donnant sur la rue, elle signale chacune à son adjoint pour qu'il fasse fermer la dangereuse meurtrière au plus vite.

Elle ne l'a jamais vécu en vrai, ce danger de la fenêtre ouverte, mais en a tellement entendu parler que c'est devenu une obsession qu'elle a prise pour elle après s'en être moquée pendant des années. Elle rigolait chaque fois qu'elle en entendait parler jusqu'à ce que ce soit des anciens soldats de la SFOR qui lui en parle avec une angoisse encore présente.

D'après leur expérience, comme d'après les snipers qu'elle a interrogés sur le sujet par la suite, il s'avère qu'un tireur d'élite ne tire pas de derrière une vitre s'il ne veut pas perdre son avantage. La fenêtre fermée lui offre une couverture supplémentaire grace aux reflets qu'elle peut présenter aux observateurs suivant l'angle de vue, mais surtout, elle se brise au passage de la balle en plus de diminuer légèrement la précision du tir. La petite rainure sur l'ogive peut dévier le projectile d'un petit millimètre qui rendra le tir inefficace. Un peu sceptique sur le degré de précision perdue par une balle traversant un simple vitrage (même un double d'ailleurs), elle a douté de cette explication-là jusqu'à une visite à un stage d'entrainement de sniper. Là, elle a pu voir ces hommes si méticuleux travailler. Jamais là-bas, elle n'en a vu un seul armer son arme en faisant remonter la balle du chargeur lors des tirs à longue distance. Chaque fois, la balle est rentrée à la main dans la culasse du fusil pour éliminer le risque d'une rayure sur le métal de la balle lors du passage entre le chargeur prévu pour cette fonction et la culasse dans laquelle la cartouche laissera exploser la puissance qui portera la balle des centaines de mètres plus loin.

A ce risque de manquer sa cible s'ajoute le risque d'être une cible trop facile pour les tireurs d'élite des services de sécurité. A peine le coup parti, une vitre brisée au milieu d'une façade ne manquerait pas de signaler la présence du tireur à l'un de ces hommes en noir présents sur les toits tout le long du parcours présidentiel. Ces anges gardiens disparaissent à mesure de l'avance de la voiture de Catherine.

Debout près du rebord des toits, ils saluent l'officier qui leur répond d'un geste avant de prendre position. Les corps s'inclinent sur les toits devant le passage de l'officière. Formes noires invisible de la rue pour le reste de la matinée, les discrètes sentinelles vont scruter à leur tour ces fenêtres et la petite foule qu'elles surplombent.

Satisfaite de voir ses consignes respectées à la lettre, la jeune officière est confiante pour ce traditionnel défilé qui la verra féliciter comme l'ont été tous ses prédécesseurs avant elle. Surtout avec l'avantageuse sélection des invités demandée par l'Elysée sur toute la longueur du parcours. Elle peut déjà en voir certains prendre place à cette heure matinale.

La largeur disponible pour le public se réduisant année après années, seuls quatre mètres séparent maintenant les barrières des murs des bâtiments. Une mesure de sécurité supplémentaire contre laquelle les pompiers de Paris ont tenté de lutter, mais en vain. Les cercles du pouvoir seront toujours plus arrangeant pour le monarque que pour les invités de seconde classe qu'il sera plus compliqué de secourir en cas de malaise ou d'attaque terroriste.

L'attentat à la bombe reste possible, mais malgré les lettres de menaces reçues depuis des mois, Catherine n'y croit guère avec les inspections régulières effectuées par les démineurs du génie sur toute la longueur du parcours. En surface comme dans les égoûts, les inspections faites avec des chiens et les robots de déminages n'ont trouvé aucun explosif, ni même aucun colis susceptible d'accueillir la moindre substance dangereuse. Que ce soit nucléaire, bactériologique ou chimique, tout sera épargné pour le dernier défilé du président en fin de mandat. Même le risque aérien a été pensé et jugé à son juste danger.

Intelligemment, la jeune femme, en prise avec son époque, a pris en compte les menaces aérienne contre lesquelles les crotales et autres systèmes de défense anti-aérien de l'armée de terre ne peuvent rien. Elle a pensé au risque des drones et aux conséquences que ces petits engins pourraient avoir sur cet événement. Certes, il a été pensé au danger de voir des explosifs lancés par ce moyen depuis les airs, mais surtout au risque propagandiste de voir les dangereux extrémistes opposés au gouvernement se servir de ces petits engins volants comme cela a pu se voir lors d'un match de football à Belgrade deux années auparavant. Les supporters de l'Albanie avait fait survoler le stade de Belgrade par un drone sous lequel pendant leurs couleurs. La provocation aurait pu tourner en guerre et ce genre de chose pourrait se reproduire avec toutes les catégories de la population en grippe avec les réformes sociétales et législatives entreprises par ce gouvernement si elle n'avait pas pensé à faire venir des fauconniers et leurs rapaces entrainés à saisir de leurs puissantes serres des objets volants identifiés comme hostiles.

Devoir penser à un simple jouet radio-commandé, la jeune femme a dû mal à croire qu'il faille en aller jusque-là dans la protection de personnalité. Elle est sans doute la première à avoir penser à cette menace après tous ses prédécesseurs qui n'avaient à penser qu'à ces simples barrières anti-émeutes placées le long parcours pour empêcher la foule de venir perturber les festivités par un enthousiasme largement disparu de nos jours.

Les barrières protègent maintenant des coups quand c'est pour éviter trop d'embrassades qu'elles étaient posées à l'époque du grand Charles. Le général serait estomaqué de voir un président obligé de se protéger des trois-quarts de sa propre population, mais Catherine est certaine qu'il n'en dirait rien. Il resterait muet comme ce soldat qui la salue sans un mot à son arrivée devant le poste de commandement en phase d'éveil.

Paris s'éveille.

Les rues se remplissent à l'approche du centre-ville de la capitale. Un flot de voiture entoure le convoi de bus en direction de l'arc de triomphe. Les banlieusards viennent se joindre aux parisiens pour admirer les soldats muets que les bus transportent. Les képis et bérets ne profitent que peu du paysage. Chacun perdu dans ses pensées, il n'est que de rare main à se lever pour répondre aux coucous des enfants. Avec un sourire forcé, la main répond aux grands mouvements de bras des enfants heureux de voir les militaires du défilé avant tous les autres. A deux heures du début, ils ont la chance de pouvoir prendre la mesure du déploiement de force de la grande muette.

A chaque grand carrefour, c'est un motard en vert qui stoppe les voitures pour laisser la place au long convoi de véhicules aux plaques porteuses du drapeau que tous les édifices publics arborent en leur honneur. Pendues sous les lampadaires, la rue est illuminée des trois couleurs flottantes sous le vent léger.

Les drapeaux et oriflammes sortent quelques-uns des passagers de leurs rêveries. A l'honneur sur les murs et dans les sourires des enfants, ils se voient maintenant aimés, ou du moins appréciés, de cette ville qui les a rendues malade l'année précédente. Venue avec enthousiasme pour participer au plan vigipirate, ils reçurent quelques sourires et des demandes de photos et selfie de la part de touristes, le plus souvent étrangers, mais plus souvent des critiques et insultes de la part des parisiens pures souches à la mode boboïde.

Ils ont été marqués par ce désamour et Alexandre a failli être limogé pour leur réponse à ce désamour. Par une journée bien commencée sous le soleil, il venait de se faire prendre en photo avec un groupes de touristes russes tout sourire quand un petit groupe d'étudiants se déclarant ouvertement comme bons patriotes de gauche les a pris à partie, lui et son équipe.

Des premiers cris ont fusés dans leur direction. « Fachos de militaires », criaient les jeunes de bonne famille en cœur avant de commencer des lancers de bouteilles vides dans leur direction. Impassibles et muets pour la plus grande incompréhension des touristes russes, ils ont simplement pris une pause des plus martiales dans le but d'intimider leurs assaillants. Stoïques dans un premier temps, ils écoutent les insultes d'un bord et les questions des touristes de l'autre bord. « Pourquoi ils font ça ? Et pourquoi vous ne tirez pas ? » demandent les touristes incrédules devant cette scène impossible à comprendre pour tout étranger amoureux de son pays.

Les bouteilles sont suivies de quelques cailloux auxquels les militaires ne répondent toujours pas, encourageant ainsi les courageux antipacifistes de gauche qui peuvent enfin s'attaquer à une cible comme ils les aiment, une cible qui ne répond pas par simple respect de la loi et des règlements que eux ne considèrent et ne respectent pas.

Encouragés par l'absence de riposte, les courageux militants de gauche ont vaillamment lancé l'assaut sur les militaires qui, silencieusement, ont encaissés les coups donnés inutilement sur les casques et gilets pare-ballles par ces guerriers urbains d'un nouveau genre. Quelques coups ont réussi à atteindre les visages avec pour seul résultat une réponse en la forme d'un coup de crosse dans le visage d'un de ses jeunes représentants de l'avenir de la France des lumières. Brillamment cette chance pour l'avenir de la France a coloré l'atmosphère d'un beau geyser de sang directement en provenance de son arcade.

Malgré sa blessure, le vaillant guerrier de la rue a bravé la douleur. Et les jambes à son cou, il s'est lancé dans une fuite éperdue à la suite de ses camarades de combat qui, grace à des réflexes plus affutés, ont fui dès l'apparition de la première goutte de sang pour se diriger en éclaireur vers le nouveau champ d'expression de leur courage quelques centaines de mètres plus loin, dans la salle d'attente du commissariat d'arrondissement pour un dépôt de plainte.

Au nom de la loi qu'ils méprisent, la violence aggravée par l'abus d'autorité du militaire sans pouvoir a valu quarante jours d'arrêt et cinq mille euros d'amende pour avoir osé se défendre contre des jeunes électeurs du gouvernement en place.

Il a encaissé la sanction et n'a rien.

Le militaire reste muet.

Alexandre est à ruminer sur les évènements passés sans se plaindre quand le convoi précédent celui des bus n'est plus qu'à quelques rues de la place de l'étoile.

Plus militaire d'apparence que le convoi de bus, les mains des parents se joignent à celle des enfants pour saluer le passage de ces véhicules apparemment pas à leur place du tout dans ce décor urbain.

Camouflage à contre-emploi attirant l'attention, pneus à énormes tétines pour pratiquer le tout-terrain aussi inutile que les énormes quatre-quatre dont sont si friands les parisiens. Dont sont friands ceux qui sont encore couchés à côté de la table de chevet dans laquelle leur carte de membre du PS ou des verts est enfermés quand le petit peuple a pris le métro pour voir ces véhicules anachroniques dans les rues de la capitale.

Ils créent des bouchons de par leur allure et leur pilote parfois inattentif dans ce cadre inhabituel et délicat aux commandes de leurs engins encombrants à faible visibilité.

Derrière sa lucarne, Christophe profite d'un arrêt de la colonne pour jeter un œil sur les décorations de la ville et la vie qui s'éveille lentement en ce jour férié. Les autres regardent les bannières tricolores flottées dans le vent, mais lui ce sont des cheveux flottants qui attirent son attention. Des longs cheveux blonds dansent dans le dos d'une femme. Il la connait, il en reconnait la démarche légère. C'est Cindy, même de dos il en voit le visage doux qu'il a aimé et aimera certainement toujours.

Cindy, elle était blonde, elle était belle, et puis un jour elle est partie comme les volontaires le chantent par tradition.

Et un jour, elle est partie après que lui soit parti pour accomplir les desseins africains de ce gouvernement antimilitariste.

Parti après l'installation du logiciel Louvois après déjà deux mois de soldes réduites à seulement vingt-cinq pour cent de la normale, elle n'a pas supporté de devoir vivre avec seulement deux cent cinquante euros par mois pendant les quatre mois supplémentaires d'opérations extérieures. Tous deux confrontés à des dangers inouïs, leur jeune couple n'a pas supporté cette expérience que même la sagesse apportée avec les années n'aident pas à affronter.

Son homme face aux islamistes logés dans les massifs du nord-Mali, elle s'est retrouvée seule à affronter un danger aussi grand, si ce n'est plus, sur le territoire national. Grace à l'ingéniosité des autorités, elle a dû apprendre la survie en milieu urbain sans la moindre préparation technique. Elle a dû apprendre à vivre sans argent pendant six mois complet avec une administration qui ne veut rien entendre et rien admettre de ses erreurs.

Des demandes insistantes auprès de la comptabilité de la caserne, puis auprès du centre de traitement des soldes, mais l'erreur informatique était trop grande pour être rectifiée manuellement par les fonctionnaires dépassés par l'ampleur de la défaillance de ce système. Une erreur informatique bienvenue et jamais vue sur une aussi longue période, et ce dans tous les pays du monde.

Sans argent, menacée d'expulsion, la jeune femme a vu sa peur prendre le pas sur l'amour qu'elle portait à son militaire. Et comme beaucoup de ses camarades, un jour il a reçu le message fatal au retour d'une patrouille sous les balles de l'ennemi. Les tâches du sang de son camarade blessé encore sur le visage, il a appris la rupture. Il a appris la rupture et sa raison qu'il craignait depuis des semaines avec ces économies que le gouvernement a réalisé sur le dos de tous ces hommes envoyés à la mort par les anti-militaristes les plus bellicistes. Jamais ils n'ont été tant utilisés par les politiques que depuis que ce sont des ennemis de l'institution militaire qui prennent les décisions.

Il a subi, il a encaissé, mais il n'a rien dit. Christophe est un militaire.

Christophe reste muet.

Il reste muet comme sa vieille institution l'exige et il rêve. Il rêve de sa belle aussi lointaine que les pensées dans lesquelles il se perd au grand désespoir du circulateur qui lui fait signe de reprendre sa route sans aucun résultat. C'est son sergent qui le ramène à la vie par une grande tape sur l'épaule.

-Avance avant que le tringlot nous pète une durite.

Christophe secoue la tête et remarque enfin la présence du soldat du train qui leur fait signe d'avancer. Descendue du nord de la France sur leurs petites motos vertes, ils sont répartis dans toute la capitale pour organiser les déplacements des milliers d'hommes et des centaines de véhicules participants à cette grande messe nationale.

Présents à chaque carrefour en supplément d'un agent de la police municipale, ces circulateurs, comme les désigne la terminologie officielle, effectuent le travail pour lequel ils ont été formés. En temps de paix comme en temps de guerre, ils servent de panneaux de circulation mobiles en indiquant la route à suivre pour tous les convois qu'ils guident. Chiens de bergers de l'armée, fusil dans le dos, ils tiennent des journées entières immobiles avec leur moto pour seule compagnie. A grands gestes et à grand renfort de coups de sifflet, celui-ci tente de faire sortir Christophe de ses rêveries et remercie d'un sourire le sergent qui parvient à remettre le blindé en route avant que la colonne entière ne soit pénalisée d'un retard sur l'horaire précis du passage des convois. Comme les trains, les convois routiers de l'armée suivent un ordre de passage et un timing que la SNCF pourrait prendre pour exemple avec ces trains routiers qui arrivent à l'heure à la grande gare routière de la place de l'étoile.

De la tour de contrôle de l'arc de triomphe, le responsable de la circulation agit tel l'aiguilleur des chemins de fer. Il agit et parle. Il est un des rares à devoir parler pour agir. Par radio, il donne les consignes à tous les circulateurs qu'il a sous son commandement.

L'un doit faire attendre, un autre doit pousser un autre convoi à venir prendre sa place autour de sa tour de contrôle avant les autres pour ne pas être gêné par les unités blindées transportées sur remorque. Il doit penser à tout. De la longueur des convois à la facilité de la mise en place des unités, comme à la place nécessaire pour décharger les blindés lourds de leur transport. Il parle et il est le seul à le faire au milieu de toutes ces unités qui obéissent en silence. Il est invisible, mais agit au milieu de cette grande muette qui obéit silencieusement.

Elle avance lentement à travers les rues. De tous côtés, les colonnes vertes approchent. Petits ruisseaux verts au sortir des casernes, les colonnes se rejoignent et grandissent pour rejoindre le grand lac de rétention qui entoure l'arc de triomphe.

Le rocher blanc surplombe la marée verte prête à s'écouler en flot continu pendant toute l'heure de ce défilé apolitique auxquels pourront assister les derniers membres d'un parti politique en voie de disparition.

Sécurité maximale.

Du poste de contrôle, Catherine compulse toutes les informations que les hommes de liaison lui font remonter. Derrière son ordinateur, elle reçoit les messages et les images disponibles de tous les intervenants et toutes les caméras présents le long du parcours présidentiel. Le parcours clairement sécurisé comme elle a pu le vérifier par elle-même, elle s'inquiète maintenant du plus grand danger possible.

Le souvenir de l'attentat à la vingt-deux long-rifle tenté avec insuccès contre le président Chirac reste présent dans les esprits de tous les hommes présents. Cette attaque par un « déséquilibré », comme sont appelés tous les terroristes du genre, est le pire des scénarios pour les membres des services de sécurité. Impossible à voir venir et impossible à reconnaitre parmi la foule, ces individus solitaires ne peuvent être éliminés préventivement que par une seule méthode, le filtrage.

Bonne policière attachée aux libertés de circulation et d'opinion attachées à la république, elle pensait installer tout simplement des policiers équipés de détecteur de métaux à l'entrée de chacune des rues perpendiculaire à la grande avenue, mais les services de l'Elysée en ont décidés autrement.

Choquée de se voir imposée une technique qu'elle juge incompatible avec les règles et fondements de la démocratie, la jeune officière a été contrainte de s'exécuter et d'organiser le filtrage désiré en fonction du cahier des charges des politiques.

Catherine n'est pas militaire, elle ne s'est pas tue. Elle a protesté, menacé de partir, mais a dû obéir sous les pressions de ses supérieures et, surtout, grace à la promesse d'une promotion intéressante pour récompense à l'exécution du travail demandé.

Bonne fonctionnaire, la promesse d'une place tranquille pour tenir une carrière entière l'a fait mettre en place cette mesure totalement à l'encontre de ses convictions comme de sa vision de ce qu'est et ce que doit être la France. Elle a accepté la privatisation de la plus belle avenue du monde le temps d'une matinée.

Ce matin, seuls les invités pourront venir admirer le défilé militaire. Sur toute la longueur que le président va parcourir ne seront présents que les spectateurs invités. Comme le faisait le président précédent lors de ses visites aux entreprises nationales avec des faux ouvriers présents dans les entreprises seulement pour la durée de la visite présidentielle, l'actuel qui critiquait cette méthode la pousse à un autre niveau.

Mieux que Staline et kim-jong-un, de grands exemples socialistes s'il en est, il a fait organiser une fête nationale privée. Le concept est totalement novateur et a failli provoquer des vomissements pour la jeune policière, mais la promotion à l'abri dans un beau bureau a eu gain de cause sur le malaise de Catherine.

Le dossier en main, elle s'est vu pousser par conscience professionnelle et souci du détail à enquêter sur la moralité et les ambitions politiques des agents à placer aux points de contrôle avec l'obligation de faire signer une déclaration de confidentialité à chacun des agents chargés du filtrage des spectateurs. Comme si l'organisation de la sécurité normale d'un tel événement ne suffisait pas pour l'occuper des journées entières, ce sont des nuits entières et des week-ends qu'elle a passé à éplucher les fiches et les profils facebook de ses agents pour dénicher ceux qui n'avaient que de la sympathie pour le président en exercice.

Chercher une aiguille dans une botte de foin ou une déclaration d'impôt remplie honnêtement rue de Solférino aurait été plus simple que ce travail qu'Hercule lui-même aurait refusé. Des nuits complètes à controler pour se résoudre à effectuer la première malhonnêteté de sa vie. Un par un, elle a contacté tous les fonctionnaires pré-sélectionnés pour leur demander d'enlever les publications compromettantes de leurs profils sur chacun des réseaux sociaux sur lesquels ils sont inscrits. Tous rigolèrent en l'entendant proche de la supplique, mais au moins ces fonctionnaires dévoués à leur métier acceptèrent. A contre-cœur, mais ils acceptèrent par simple respect de leur uniforme.

Ils sont policiers et parlent, et grognent, mais ils agissent et obéissent aussi même quand ils sont en totale désaccord.

Catherine est fière de voir ses hommes du jour obéir et s'exécuter. Elle sait pouvoir compter sur eux quoiqu'il arrive et n'accepte que moyennement la volonté militaire de faire adjoindre un binôme de soldat à chaque policier en faction à l'entrée des rues perpendiculaire. Elle râle mais, comme toujours, obéit. En période de risque terroriste maximal, deux hommes avec des fusils d'assaut ne sont pas de trop en soutien d'un simple flic et de son arme de poing incapable de soutenir la comparaison face à un A.K. (47 ou 74 : peu importe le modèle de ce qui a longtemps été la seule production exportable de l'ancienne Russie socialiste).

Un treillis de chaque côté de la barrière en léger retrait derrière l'agent occupé au contrôle des laissez-passer distribués intelligemment par le parti socialiste à ses militants les plus fidèles. Des partisans fidèles comme les soldats silencieux qui ont prêtés serment de servir le drapeau qui surplombe l'entrée de chacune des rues.

Avec « honneur et fidélité », comme le proclame fièrement la devise de l'armée dans laquelle servent ces soldats qui restent muets aux côtés des policiers bavards. Eux ne parlent pas, ils obéissent.

Big Brother.

Dans la semi-remorque de commandement, Catherine suit les images qui parviennent en continu de toutes les caméras positionnées le long de l'avenue et maintenant elle enrage. Fournie pour ce jour en matériel de haute définition, elle enrage de ne pas voir ce même équipement à la disposition de ses collègues et d'elle-même le reste de l'année.

Comme tous ses collègues des services de police parisiens, elle a demandé à ce que toute cette technologie soit mise en œuvre le long des parcours des promenades printanières des syndicats et lycéens, mais jamais les hautes sphères n'ont permis de l'utiliser. La dernière fois que ses services purent se servir de toutes ces caméras haute définition, ce fut pour les manifestations organisées contre le mariage pour tous. Le gouvernement avait considéré que la menace était assez grande pour que toute cette foule de dangereuses familles armées de poussettes et landaus soit filmée avec une précision assez grande pour permettre l'identification de chacun des putschistes potentiels qui la composaient.

Tout le matériel a été utilisé à plein pour ces manifestations avec une efficacité allant bien au-delà de toutes les espérances. Ce printemps de manifs avait laissé l'ensemble de la police espérer des jours meilleurs. Ils ont pu voir tous les manifestants appréhendés passés devant les tribunaux. Certes, les peines n'était pas toujours des plus adaptés aux énormes forfaits commis, la plupart étant des refus de dispersion de la part de ces jeunes au casier judiciaire totalement vierge, et ce dans tous les volets. Même les infractions et délits routiers étaient peu présents parmi les antécédents de tous les contrevenants appréhendés par les agents de Catherine et de ses collègues officiers. Ils ont protesté vainement contre quelques peines réellement abusives et contre-productives, mais la justice et sa direction a martelé que nul n'est sensé ignoré la loi.

Cette phrase est sans doute la seule phrase des codes de lois que tous les français connaissent et subissent quand ils se font punir par des tribunaux que les policiers ne pouvaient pas blâmer après des années passées à critiquer un laxisme trop visible de la part de la magistrature.

La loi enfin appliquée avec un peu trop de zèle, ils se sont mis à implorer la même justice tout au long de l'année pour tous les autres justiciables amenés dans les tribunaux, mais le laxisme a vite repris son cours pour le reste de la population.

Enervés et frustrés d'être encore les éternels cocus de l'affaire, les policiers ont tenté de mettre la pression, mais rien n'y a fait. Les choses sont revenues à la normale et les manifestations du printemps ont remis les policiers face à la triste réalité.

Comme pour le passage de la loi sur le mariage pour tous, les rues se sont remplies d'une population de plus en plus nombreuse pour contester la nouvelle trouvaille législative de ce gouvernement à la plume prolifique pour ce qui est de la création de nouvelles lois et décrets. Avec un nouveau texte pour réformer l'encombrant et incompréhensible code du travail, la majorité a réussi l'exploit de passer d'un soutien générale de la classe politique à une confrontation généralisée avec des opposants de tous bords, y compris au sein de ses propres rangs.

Tous d'accord pour soutenir l'idée de réformer le lourd code du travail, l'ajout de deux cent cinquante pages annulant protections de l'employé sans gain visible pour l'employeur a jeté la jeunesse et les travailleurs dans la rue pour une suite ininterrompue de manifestations et actions chocs.

Ce fut d'abord les étudiants en marge de toute coordination syndicale avant que les syndicats à bout de souffle et en manque d'adhérents se mettent à coordonner toute l'action de lutte pour le retrait de cette loi dont le point le plus important est la fin du monopole syndical dans toutes les négociations internes aux entreprises.

Cette menace de voir la dernière justification de leur existence disparaitre et la possibilité de reconquérir du terrain dans les cœurs salariés, ils sautèrent sur l'occasion en dépit de toute l'allégeance qu'ils prouvèrent au gouvernement en place depuis l'accession au pouvoir de ce président dont ils ont porté la campagne à bout de bras.

Contraint d'agir, les syndicalistes et autres sympathisants du même bord politique se sont unis pour lutter contre une loi qu'ils oublièrent vite dans le feu de l'action. Bercés par les anecdotes et légendes de ce printemps de 1968, ils se sont sentis poussés des ailes avec l'envie de porter eux aussi leur nom au sommet de l'histoire syndicaliste, à défaut d'être révolutionnaire, française.

Dans ce cadre nouveau et utopique d'une nouvelle révolution à la sauce soixante-huitarde, les esprits échauffés du sympathique peuple de gauche ont débordés toutes les ambitions de monopole des dinosaures syndicaux pour se voir enfin vivre leur guerre contre le système en attaquant à outrance les policiers avec des résultats que l'on ne peut que considérer efficace et d'une productivité surprenante de la part d'une ultra-gauche en lutte permanente contre tout concept de productivisme et rentabilité.

Les blessés s'accumulant parmi les forces de l'ordre, Catherine a demandé à de multiples reprises l'autorisation d'utiliser ce matériel sophistiqué, mais la hiérarchie au contact du pouvoir s'est toujours montrée résolu à cantonner les troupes de fonctionnaires dans un rôle défensif.

-Nous vous avons fourni des armures quasi-impénétrables. Encaissez, ils finiront bien par se lasser, fut la réponse officieuse à toutes ses demandes.

Jamais lassée, Catherine a insisté sans relâche pour un résultat toujours négatif. Jamais ce pouvoir n'a voulu donner trop de possibilité de sanction aux policiers. Toujours ils ont dû se contenter de preuves photographiques et vidéos de qualité bien trop faibles pour une exploitation efficace des meneurs les plus vindicatifs par les services chargés de l'identification.

Dans l'impossibilité de confirmer les identités des fauteurs de trouble, les policiers se sont contentés de braver les consignes pour procéder à quelques arrestations musclés de suspects libérés dans la foulée par les magistrats. Fidèles à leurs idéaux, les créateurs du « mur des cons » ne trahissent pas les leurs, et restent solidaires des derniers soutiens de ce gouvernement qui n'a plus que les membres de ces organisations syndicales comme réservoir électoral fiable pour les élections présidentielles de l'année suivante.

Ce n'est admis qu'à mots couverts à la jeune officière et à ses collègues mais les sacrifices de quelques os de policiers ne sont qu'un faible prix à payer pour rester au pouvoir.

Après tout, ces policiers ne sont-ils pas majoritairement opposés aux idées socialistes et aux magistrats les soutenant. Ils peuvent donc être livrés en pâture quand aujourd'hui, c'est le gouvernement et surtout son image qui est menacé. Il est hors de question pour les huiles de l'état de voir de nouveau des dangereux manifestants montrer leur hostilité à grands coup de sifflets, ou pire de slogans écrits en grandes lettres sur leur vêtement.

Ça, ils ne peuvent pas se le permettre, et il le dise, car eux, ils parlent. Encore et toujours, ils parlent. Mais agissent-ils ?

Oui, ils agissent et prévoient toutes les éventualités.

Premières arrestations.

Les politiques et leurs services dédiés à leur pérennité agissent et anticipent avec un génie qui serait redoutable s'il était mis au service du public. Par leur soin, derrière la première page noircie des consignes à faire appliquer par les policiers et militaires en faction à l'entrée des rues d'accès au parcours présidentiel, figurent une longue liste de presque vingt pages avec les noms des personnes nécessitant des mesures de sécurité particulières.

Comme pour les fiches « S » consacrés au terrorisme, une liste complète de tous les agitateurs les plus dangereux est à disposition du discret fonctionnaire des renseignements généraux présent derrière chacun des trinômes chargés des contrôles.

Appuyé contre la barrière à quelques mètres des hommes qu'il doit surveiller, le zélé représentant de la police politique française (lapsus: je voulais écrire des renseignements généraux) garde un œil attentif sur chacun de ceux qui se présentent devant leur check-point.

Facile à reconnaitre, les invités se présentent bien sagement avec leur carton d'invitation et leur carte d'identité déjà en main. Bien informés par les instances de leur parti, socialiste ou verts, ils sont au courant de la procédure contrairement à tous les potentiels agitateurs qui se pressent en tas derrière les barrières anti-émeute placées préventivement pour le filtrage des invités. Turbulente, cette troupe de non-invités vexés de ne pas pouvoir accéder à la plus belle avenue du monde grognent quand le responsable des renseignements généraux fait procéder à un controle des identités de ceux qui insistent le plus bruyamment pour passer malgré les consignes de sécurité.

Briefé et rompu à un minimum de diplomatie, le commissaire politique trompe l'attention des cibles du controle d'identité en leur donnant la raison officielle de toutes ses formalités. Le discours est bien rôdé et a prise sur la majorité des personnes refoulées. Bon petit peuple, ces hommes souvent venus montrer à leurs fils la belle et grande armée dans laquelle ils ont eu la chance de faire leur service militaire au temps lointain de leur jeunesse perdu.

Dans ces cas, ce sont les militaires qui retrouvent la parole le temps d'expliquer à cet ancien qu'il peut toujours voir les camarades défiler sur la seconde partie du parcours. La seule chose qu'il ne peut pas voir est le président et les élus.

-Au moins mon fils ne verra que ce qui est beau! Répondent en rigolant la plupart des éconduits sous le regard mauvais du commissaire politique qui note le nom du spectateur de mauvaise pensée dans un coin de son petit carnet. Il ne fera rien du nom, mais par réflexe hérité de la gauche des années quarante, il se doit de toujours être prêt à retrouver les noms des mauvais esprits. Au cas ou, juste au cas ou. Et juste au cas ou il pourrait faire remettre au pas les deux militaires un peu trop collaborateur avec ces irrespectueux qui rigolent de leur président, qui est tout de même le chef des armées comme son charisme tend à ne pas le prouver du tout, leur nom est noté en grand sur une page spéciale prévue pour les événements à risque de la journée.

Les noms des militaires moqueurs notés parmi les personnes peu fiables, le policier leur rappelle les principes de la grande muette et l'importance qu'elle le reste pour le bien du pays tout entier. La mise en garde tient deux, trois personnes, mais doit être répété régulièrement au cours de la matinée devant le policier qui se verra notifié un rapport aussi pour tous les sourires ironiques, voire sympathisant qu'il exprime à chacune des remarques qu'il entend sans les contredire au grand dam du membre des RG qui se sent comme étant le seul élément fiable de sa position.

Aux aguets et sur les nerfs, ils assistent impuissants à une bonne exécution des ordres réalisées avec une mauvaise foi aussi visible que les sentiments des deux soldats qui tirent la tronche sans décrocher le moindre bonjour à tous les possesseurs du passe. Avec un mépris visible, ce sont les ennemis de l'armée qu'ils laissent passer en ne comprenant pas vraiment pourquoi ceux qui votent constamment pour la réduction des budgets militaires et la suppression de ce défilé se pressent pour y assister avec le sourire.

Eux réservent le leur pour les recalés, les derniers sont les premiers dans leur cœur. Et c'est sur leur visage que le commissaire politique peut deviner l'importance du recalé à venir quand un vieil homme s'approche lentement en direction des barrières.

L'air mélancolique, le rythme de son cœur calqué sur celui de son pas, le vieil homme irradie soudain de bonheur avec un sourire resplendissant quant au moment de sortir ses papiers, ils voient les deux soldats lui présenter les armes.

Les torses bombés des deux soldats réveillent un ressort qui tend le dos du vieil homme le temps d'une réponse règlementaire qui fait frémir le commissaire politique. Il tremble à voir cette réaction des deux jeunes hommes face à ce vieillard apparemment connaisseur des us militaires.

-Mes devoirs mon général, tonnent les jeunes poitrines militaires.

« Général ? ». A la seule entente de ce grade, le Vopo saute sur la liste des personnes interdites pour vérifier si c'est bien lui qui se présente. « Il n'oserait quand même pas ? ». Il a du mal à croire que ce soit possible, mais il est sur le point de gagner des points dans sa carrière si c'est lui et que c'est lui qui le stoppe. Ses doigts tournent directement les pages jusqu'à la page des plus dangereux agitateurs au sommet de laquelle se trouve le vieil homme en train de décliner son identité au policier qui l'éconduit poliment pour défaut de laissez-passer.

-Ici poste quatre, je demande une unité pour interpellation d'un fondateur de mouvement dissident, vite.

Le vieil homme se tourne fièrement en direction du commissaire politique qui a appelé à l'aide en découvrant qui était ce digne représentant du troisième âge.

-Ben mon gamin, t'as peur que je cache une bombe dans la poche de mon veston ?

-Neutralisez-le ! Cet homme est dangereux.

Le Vopo recule d'un pas tout en hurlant son ordre d'interpellation au policier qui ne voit pas le moindre danger dans le sourire qui brille entre les profondes rides.

-Oui, un homme ! Ce que tu ne seras visiblement jamais.

Le général retraité est tout sourire à l'arrivée du groupe d'intervention de la police arrivé au pas de course pour interpeler le potentiel criminel.

-C'est lui !

Le doigt tendu, le Vopo reste à distance respectable et attend que les policiers maitrisent l'homme qu'ils plaquent au sol sans le moindre égard pour cet homme qui pourrait être leur père, voire leur grand-père pour les plus jeunes de ces agents heureux de voir une proie facile leur offrir une bonne note dans leur dossier.

-Pourquoi ?

Les deux soldats laissent tomber le silence.

-Atteinte à la sécurité nationale, répond le Vopo sur un ton victorieux.

Les militaires ne peuvent tolérer que ce vieil homme soit maltraité de la sorte. Menotté à même le sol pour le simple fait d'avoir voulu une fois organiser une manifestation pour demander à ce qu'aucune immigration clandestine de masse ne soit plus tolérer. Lui, ce vieux monsieur a osé commettre le crime de trop pour l'état socialisant. Lui le militaire a osé demander à ce qu'aucun étranger non autorisé sur le territoire ne puisse y entrer. Quel crime pour un militaire que de vouloir faire respecter l'intégrité des frontières de son pays.

A moins que le crime n'ait été de parler dans le pays des droits de l'homme, parler dans le pays de la liberté d'expression. Lui, le haut responsable de la grande muette a osé démontrer à tous les politiciens défenseurs de la veuve et de l'orphelin, à tous ces partisans du droit des minorités et des handicapés à un accès à tout ce qui est permis à la majorité, que même une muette pouvait s'exprimer. Il a démontré par l'exemple que c'était possible, mais les deux militaires préfèrent se taire pour appliquer la deuxième composante.

La grande muette se ne parle pas, elle agit et ils agissent.

Crosses des fusils d'assaut en avant, il lance une première série de coups dans les visages des hommes qu'ils repoussent à coups de rangers dans la poitrine. Occupés à peser de tout leur poids sur le corps du vieil officier, deux fonctionnaires rejoignent leur suspect contre le bitume quand leurs collègues usent de la lacrymo pour neutraliser les militaires peu habitués à lutter contre ces gaz. N'ayant ni les heures d'exercice des CRS ni l'entrainement des manifestations syndicalistes qu'ils n'ont jamais fréquenté, les deux soldats font une première connaissance douloureuse avec ce gaz qui brule les yeux. Les larmes recouvrent vite les yeux rougis de ces hommes qui donnent quelques coups dans le vide avant de rejoindre leur supérieur sur le macadam.

Tous trois allongés épaule contre épaule, ils écoutent en silence ce qui attend leur trio de muets.

-Trois dissidents interpelés, le général qui nous les brise depuis Calais et deux de ses hommes, des soldats armés, annonce le chef de l'unité au poste de commandement dans lequel Catherine intercepte la communication.

-Mettez-les au silence le plus rapidement possible, nous les interrogerons après la dissolution du dispositif. Personne ne doit les voir. Je ne veux pas de publicité sur les réseaux sociaux, ni dans les médias. Pas la moindre image ne doit être prise.

« Merde, mais qu'est-ce qu'elle fout cette grande muette. Pourquoi ne la ferme-t-elle pas ? ». Catherine s'interroge sur le pourquoi du comment, mais aucune réponse valable ne venant, elle retourne à l'observation des images de surveillance et à la lecture des messages de plus en plus nombreux qui lui parviennent. Tout remonte jusqu'à elle. De cet incident qu'elle espère isolé à la mise en place de chacune des unités, en passant par le taux de remplissage des tribunes, elle est tenue au courant de tous les détails afférant au déroulement du défilé.

Au courant de tout ce qu'il se passe grace à tous les yeux de son ministère présent sur l'ensemble du parcours, elle n'est pas la seule à être prévenue en temps réel de l'arrestation des trois soldats.

A une rue du lieu de l'interpellation, les deux soldats en faction croient d'abord à une hallucination quand il leur semble voir leurs camarades menottés avant d'être embarqués de force dans le fourgon aux couleurs de la police nationale. Quelques regards échangés entre eux et leurs malchanceux camarades les font prendre conscience de la dure réalité de cette action de police qu'ils ne comprennent pas mais voient comme un danger potentiel pouvant leur arriver s'ils ne prennent pas les devants. Inquiets de se voir soumis à la même sanction, ils augmentent légèrement la distance qui les sépare des fonctionnaires. Et le doigt placé sur la queue de détente de leurs armes, l'un des deux soldats contactent le pc militaire installé dans un shelter transmission posé sur un camion près de l'arc de triomphe.

L'annonce de l'arrestation faite, l'ordre tombe rapidement de la bouche même de l'officier d'état-major qui les rappelle lui-même pour les rassurer et les assurer de l'éloignement de tous dangers pour eux.

-Continuez à suivre les ordres donnés, tout simplement.

-Bien mon colonel, répondent les soldats avant de retomber dans le silence qui était le leur comme tous leurs camarades occupés à la même tâche de surveillance.

Bruyante muette.

Le colonel est à peine sorti du shelter de transmission que les radios en place derrière les centraux radios sortent leur téléphone portable privé pour informer par SMS leurs camarades les plus proches. Même muets, ils communiquent entre eux et radio bidasse se met en branle à toute vitesse avec cette information transmise de téléphone à téléphone avec assez de vitesse pour que la nouvelle de l'arrestation revienne comme un boomerang dans le poste de commandement de Catherine par le biais des réseaux sociaux avant même qu'elle ait trouvé la solution pour informer les militaires de l'arrestation de deux de leurs hommes en compagnie d'un complotiste fiché parmi les plus grands dangers pour la démocratie au même titre que les terroristes.

-Et merde !

La politesse disparait de la bouche de la jeune officière qui sait maintenant n'avoir plus besoin de chercher comment apprendre la nouvelle à l'état-major des armées. Elle ne doit plus que compter sur la loyauté de ces officiers qui ont prêté serment de servir avec honneur et fidélité pour conserver le calme parmi les troupes.

Dans le P.C., tous s'attendre à entendre la grande muette gronder avec une telle force que la responsable hésite à faire annuler ou du moins retarder la venue du président. Après un printemps à la chaleur sociale inversement proportionnelle à la chaleur du ciel, elle ne veut pas risquer de voir le chef des armées obligés de composer avec une troupe en rogne. Devant les caméras du monde entier, cela ferait plutôt mauvais genre et la côte de popularité du président tendant déjà vers le négatif, elle redoute de se retrouver accusée d'être celle qui la fera tomber vers le zéro absolu plus vite qu'elle ne l'atteindra, car elle l'atteindra. Il ne peut en être autrement pour un homme qui ne gouverne plus que par décret avec une aisance à faire rougir de jalousie les dirigeants de la grande démocratie nord-coréenne. Son cerveau tourne à plein vers la recherche de la meilleure des solutions quand la sonnerie de la ligne directe établie avec les militaires retentit.

Le chef d'état-major s'adresse à elle sur son ton martial habituel:

-Vous les faites sortir et les soustrayez à toute mise en condamnation immédiatement.

-C'est exactement l'ordre qui vient d'être donné.

-Bien, alors à tout à l'heure.

La communication se coupe dans la foulée sans la moindre formule de courtoisie.

"Tu peux toujours courir", pense la jeune femme avec la seule idée de faire trainer les choses assez longtemps pour permettre un bon déroulement du défilé. Elle sait qu'elle n'a qu'à prétexter des problèmes de paperasserie que le général comme toute autre personne prendra comme excuse la plus valable du monde dans ce système socialiste aux ressemblance de plus en plus marquées avec le socialisme à la mode soviétique dans des tribunaux aux problèmes innombrables.

Si l'excuse de l'impossibilité de trouver le bon formulaire pour libérer les hommes ne fonctionne pas, elle sait qu'elle pourra toujours justifier le retard par la difficulté à trouver du papier pour les imprimantes avec le gain pour les magistrats de se voir fournir un bloc de papier par les militaires. En plus, les fonctionnaires de la justice serait reconnaissant de voir du papier vierge débarqué dans leurs locaux sans avoir eu besoin de l'acheter eux-même pour palier aux manques de fonds dédiés aux fournitures de bureau.

Et si les feuilles sont fournies trop rapidement pour que l'excuse tienne, elle n'aura qu'à argumenter sur l'absence de fonctionnaire disponible ou une grève surprise des magistrats. C'est triste à vivre, et encore plus à penser, mais pour cette fois, elle doit admettre que vivre dans un pays en pleine déliquescence a tout de même des avantages. Personne ne pourra lui en vouloir de ne pas donner gain de cause aux militaires dans le laps de temps qu'ils exigent et elle sauve la face devant sa hiérarchie qui ne pourra plus l'empêcher de retourner dans sa province.

-Alors, ils les libèrent?

Les officiers présents attendent tous avec impatience l'annonce de libération de leurs camarades, mais la résignation se lit sur le visage de leur supérieur avant même qu'il ait raccroché.

-On fait quoi?

-On fait comme d'habitude et on la ferme. Nous sommes la grande muette que l'on peut toujours torturer sans lui arracher le moindre cri, vous le savez bien. Tout comme vous savez qu'ils vont nous la mettre à l'envers sur ce coup là comme à chaque fois.

-Compris, on fait comme si de rien n'était et on laisse nos médailles briller au soleil.

-C'est tout à fait ça. Faites descendre l'information que rien ne change au déroulement de la journée. On continue comme prévu.

   La petite réponse de l'officier à ses subordonnées arrive quasiment dans la seconde qui suit au poste de commandement de Catherine qui fait suivre l'information dans la foulée à toute la chaine de commandement de la même manière que les militaires le font aussi de leur côté au même moment.

Le président se met en route.

-Vite, monsieur le président, nous avons cinq minutes de retard sur l'horaire prévu.

-Et alors, il est où le problème?

Le président s'arrête net pour planter ses yeux globuleux dans ceux de l'impertinent chef d'état-major.

-Mais l'heure c'est l'heure. On ne peut pas faire attendre toute une armée pour une peccadille.

-Toi, tu te tais. Avec ton armée vous commencez à me les brisez à toujours vous plaindre. Vous semblez oublier que je suis le chef des armées, c'est à dire ton chef et le chef de tous ces gars en train de m'attendre à cause du mauvais comportement de certains d'entre vous. Comme d'habitude, je serais tenté de rajouter, alors faites votre métier correctement si vous voulez des nouveaux chars ou d'autres jouets du même genre.

-Mais je...

Le général n'a pas le temps de trouver une justification que le président monte déjà dans la voiture en rajoutant de son air le plus méprisant.

-Compris, je ne veux pas avoir à le répéter. La prochaine fois, je limoge.

-C'est compris monsieur le président.

Le général déglutit avant d'aller prendre place dans la voiture suivante. Les poings serrés de rage de se voir remettre en place en public par un parvenu qui n'a été officier que le temps de son service militaire. Et encore, le grade ne lui avait été accordé que par une pression d'origine inconnue. Si au moins il avait fait ses preuves en tant que soldat, lui qui n'a encore rien prouvé en tant que président. Se connaissant, le général sait qu'il gardera les poings serrés jusqu'à ce qu'il se retrouve au milieu des siens au pied de l'arc de triomphe. Il n'a jamais vraiment aimé devoir se rendre à l'élysée, mais c'est une vraie torture depuis qu'il doit y rendre les honneurs à ce personnage qui ne se cache nullement de mépriser et haïr tout ce qui a rapport avec la chose militaire.

De la banquette, il regarde l'homme assis sur le siège passager et songe tristement à la dure réalité de la vie avec ce président rempli de haine pour tout ce qui touche à la défense de la nation et la responsabilité qui lui a été donné. Lui seul peut choisir d'utiliser ou non le contenu de la valise que le passager tient sur ses cuisses. Du petit bouton présent à la place du mort peut partir le feu nucléaire et, d'un coup, d'un seul, notre présiflan peut transformer un pays entier en chaleur et lumière avec toutes les conséquences en découlant logiquement.

Là, tout simplement, cet homme qui s'est trouvé malin en menaçant la Russie au nom de la France tout en supprimant des budgets à une armée déjà usée jusqu'à la corde, cet homme pourrait lancer les missiles polaris pour montrer que c'est lui le chef.

Le vieil officier n'en peut vraiment plus de supporter ça. Cette mascarade l'insupporte au plus haut point, mais il la supporte et ne dit rien parce que c'est son métier. Il se tait et obéit patiemment en attendant de pouvoir parler comme ce général en retraite placé derrière les barreaux le temps de la cérémonie. Encore une paire d'années, mais elles comptent double en compagnie du chef des armées qui est dans la voiture qui le précède.

Dans la Citroën marquée par les petits drapeaux sur le capot, le président ne manque pas de profiter du trajet pour raconter la manière dont il a mouché le prétentieux général et tous ces sous-fifres avec lui.

-Non mais qu'est-ce qu'il s'imagine tous ces cons. Tu te rends compte de leur irrespect. Si au moins ils avaient fait les grandes écoles. On pourrait parler, mais même pas.

Il raccroche et tue le reste du trajet à regarder les quelques passants qui se trouvent encore dans les rues empruntés par le cortège. Ces manants qui ne prennent même pas la peine de saluer la voiture présidentielle comme il le devrait, ne serait-ce que pour montrer leur respect envers un homme supérieur s'il en est.

"Pas un drapeau, pas un coucou de la main, mais ils se prennent pour qui ceux-là aussi. C'est quand même moi qui les commande!"

Il ne comprend pas, il ne comprends vraiment pas pourquoi ces passants ne sont pas occupés à l'acclamer comme cela se fait dans tous les grands pays du monde.

"S'ils ne m'acclament pas, ils n'ont rien à foutre ici, ces sans-dents", pense le président logiquement énervé par ces badauds sans consistance, ces badauds qui ne réalisent pas leur chance de voir passer devant eux, leur président.

Il rumine et grogne devant l'arrogance de ces sans-dents qu'il aurait aimé ne pas voir venir le provoquer pendant sa journée. C'est déjà assez dur pour lui de devoir aller serrer la main de tous ces prétentieux généraux, en plus il doit supporter la présence de ce peuple gonflé d'ingratitude.

« Il faut vraiment que ça change, il faut tous les faire rentrer dans le rang. Par la force s'il le faut, mais je suis sûr qu'on y arrivera. »

Il peste, mais oublie que tous ces gens ont été triés sur le volet eux aussi. Par mesure de précaution, les services de sécurité présidentielle ont étendu le contrôle des piétons bien au-delà du périmètre des champs-élysées. Ce fut dur mais toutes les personnes se trouvant dans la rue moins de vingt minutes avant le passage du carrosse et de son escorte se sont vus éconduits en direction des rues adjacentes pour une sécurité maximale. Après le jet d'œuf sur ministre, que pourrait-on voir jeter sur une voiture officielle de marque Citroën ? De Gaulle aurait peut-être pu répondre, bien que je doute qu'il aurait voulu conseiller un monarque bien loin des valeurs qu'il entendait donner au président en créant la cinquième république.

Catherine a encore moins aimé cet ordre que celui reçu concernant l'accès au défilé, mais en bonne fonctionnaire, elle s'est exécuté et a vidé les banlieues des derniers effectifs pour le plus grand bonheur des agents en fonction en ce matin de jour férié. Ce n'est pas qu'ils apprécient le job qu'ils ont charge de faire, mais se retrouver à controler des familles à la place des dealers et casseurs de pompiers de la seine saint-Denis est comme un avant-goût de vacances.

Le confort de cette mission inhabituelle pallie à toutes les gênes qu'ils nourrissaient avant de devoir refouler les personnes désignés comme inaptes à assister au passage de la Citroën. C'est si simple de se faire obéir des personnes qui ne sont pas socialistes qu'ils en sont un peu perturbés. Jamais un simple contrôle ne se serait passé aussi facilement avec un militant d'extrême-gauche ou un jeune de banlieue, et là, les policiers découvrent des personnes polies qui se contentent d'obtempérer par simple respect de l'uniforme. Pour les plus jeunes d'entre eux, cela restera une expérience déstabilisante mais vraiment inoubliable.

Le contact avec les inaptes restent dur moralement et c'est avec regret qu'ils se voient obligé de demander aux riverains d'attendre une petite demi-heure avant d'emprunter le trottoir qui les mènent chez eux, mais ils acceptent de bonne grâce quand les possesseurs, peu nombreux, de la carte des partis autorisés arrivent à les critiquer alors qu'eux peuvent passer. C'est le monde à l'envers pour les policiers, mais ces fonctionnaires obéissent, à contrecoeur mais ils obéissent comme quand ils leur faut se retourner pour faire face à la route le temps d'un salut à ce président qui les mène droit à la mort sans aucun respect pour leur travail et leur dévouement. Ils se font tirer dessus, ils se font caillasser et se font emprisonner quand ils ripostent. Ils en ont marre mais le sourire de l'enfant qui attend sagement auprès de son père pour rentrer chez lui vaut tous les sacrifices pour ces hommes au grand cœur.

Un sacrifice, un vrai sacrifice quand ils voient passer le monarque qui les toisent de toute sa bassesse sans leur accorder autre chose qu'un regard méprisant.

Ils ne sont pas militaires, mais se taisent et obéissent tout en notant les noms des plus insultantes des personnes autorisées à passer. Comme des résistants des années quarante, ils notent tout en attendant d'avoir les pleins pouvoirs pour ramener ces collabos des temps modernes à la réalité nationale.

« Regarde-moi tous ces cons, non mais je te jure », se moque le président en passant devant les gants blancs qui le saluent, « valent vraiment pas mieux que les militaires, sont tout aussi cons ».

« Et en plus ils ne savent pas lire l'heure », se dit-il à lui-même en apprenant que les premiers hélicoptères sont déjà en approche.

-Et ben qu'ils tournent. Ils n'ont qu'à faire des tours de Paris en survolant le périph, c'est joli en été.

Et il rigole de sa bonne petite blague en raccrochant d'avec le responsable de sa sécurité.

Erreur de plan de vol.

-Qu'ils fassent demi-tour !

Catherine n'en peut déjà plus de ces militaires. En apprenant l'arrivée prématurée des hélicoptères, elle a failli craquer. Deux en cellule, un retraité qui veut faire un coup d'état et maintenant toute une escadrille d'âne incapable de respecter un plan de vol, à croire que la discipline est devenue totalement étrangère à tout ce qui porte un uniforme. Elle pourrait, elle prendrait un cessna pour arrêter tout ce petit monde, annuler le défilé et partir pour un long mois en cure de repos en Corrèze.

-Ils ne peuvent plus se retourner c'est trop tard, mais ils restent en attente des ordres pour le survol comme prévu. L'armée de l'air s'excuse par avance du stress occasionné à vos petits nerfs de civile, dixit.

-Ils vont me le payer, se jure la policière tout en se sentant rassurée de ne pas les voir débouler alors que les tribunes ne sont pas encore entièrement remplies des invités les plus prestigieux.

Il ne manque plus grand monde, mais les ministres verts ne sont encore pas arrivés. Peut-être même ne viendront-ils pas, se dit la policière en pensant à toutes les fois où les membres du parti écologistes ont vilipendés et voulus interdire le défilé militaire pour le remplacer par une longue farandole dédiée à l'amour et à la dépénalisation du cannabis et autres substances propices à une ouverture d'esprit que ne possèdent aucunement les militaires en attente au pied de l'arc de triomphe.

« Ce serait même plutôt cohérent de leur part de ne pas venir », mais la réalité est toute autre avec l'arrivée d'une nouvelle voiture officielle de laquelle descendent les ministres du mouvement écologistes trop heureux de pouvoir s'afficher une nouvelle fois en public en version mondiovision pour le plus grand bien de la vanité qu'ils laissent éclater au grand jour en descendant des grosses berlines diesels qu'ils ont choisi pour venir.

Ils seraient certainement venus en vélo si un chauffeur avait bien voulu pédaler de chez eux jusqu'au pied de la tribune. Mais que voulez-vous bonnes gens ? On ne trouve plus de personnel apte à servir les vrais grands de ce monde.

-On est là, vous pouvez commencer, se permet de crier le petit ministre vert en direction de la tribune pour le plus grand énervement de la policière en chef et des généraux présents alentours.

« On va commencer, ne t'en fais pas, petit con », grommèle le plus ancien des généraux.

-Alors, ils sont où les troufions ? Continue l'arrogant représentant du peuple en prenant place dans la tribune.

« Finalement, j'aurais préféré qu'ils ne viennent pas, surtout lui », se reprend Catherine.

Radio ballast fait encore son office en faisant remonter la nouvelle de l'arrivée du plus anti-militariste du gouvernement.

-Le bal des faux-culs est au complet, ne manque plus que le chef d'orchestre, annonce l'officier responsable du défilé à ses subordonnées en apprenant l'arrivée des derniers civils retardataires.

-Nous, nous sommes presque tous prêt.

Et sous les yeux du commandement, les dernières troupes se mettent place avec discipline. Les bus de transport sont partis se cachés pour laisser la place nécessaire à la mise en place des troupes à pied. Les carrés se forment à mesure autour de l'arc et au début des grands boulevards y menant. Un arc en ciel de couleur à dominante verte s'étale aux pieds du grand monument de pierre. Les képis blancs des légionnaires cotoient les capes bleus des spahis aux côtés desquelles les ceintures rouges des tringlots du 511 rappellent aussi leur création sur la terre d'Afrique, cette terre qu'ils ont quitté pour toujours y revenir de plus en plus souvent avec ce président qui les envoient jouer les pompiers à chacun des coups d'état semestriels dans les anciennes colonies incapables de se gérer par elle-mêmes.

Oubliés, ces simples tringlots seront moins applaudis que les troupes d'élite arborant le képi blanc ou le large béret des chasseurs alpins, mais chaque jour, ils risquent leurs vies eux aussi. Aux commandes de leurs véhicules sans aucune protection blindé, ils ravitaillent les combattants en prenant tous les risques au long de parcours déjà usant nerveusement en temps de paix, mais dangereusement mortel quand l'ennemi peut s'y trouver embusqué derrière chaque pierre, chaque bosquet, chaque virage. Sur ces territoire où un lance-roquettes peut se trouver pour une centaine de dollars, ils avancent avec la seule protection de leur Famas, s'ils ont le temps de le sortir, et la médaille de saint Christophe qu'ils osent accrocher au rétroviseur au mépris de la laïcité à sens unique en vigueur dans les forces armées. Ils devraient en avoir honte, mais ils sont fiers de ce petit signe de résistance. Quand certains des leurs osent suspendre des drapeaux étrangers dans leur casernement en signe d'allégeance à leur deuxième nationalité et se font féliciter par les nouveaux officiers formés à l'école du vivre-ensemble pour la fierté qu'ils ont de leur origine, eux se font sermonner pour l'affichage de cette inoffensive médaille, mais ils continuent et continueront en se taisant, mais en faisant.

Après toutes ces épreuves passées, ils font maintenant l'ordre du toit une nouvelle fois pour aligner leurs rangs avec une perfection digne de leur travail discipliné. Des nouveaux venus ont remplacés les manquants, mais seule l'absence de médailles sur les poitrines parvient à les distinguer du reste de la troupe. L'esprit de camaraderie et de discipline, ils l'ont déjà et ils l'ont depuis bien longtemps avant la signature de leur contrat, sinon jamais ils n'auraient su frissonner comme les autres à la vue du drapeau qui couvre le vide entre les arches de l'arc de triomphe. Ils vibrent comme les autres à la vue de ces trois couleurs qui sont leurs, de ces trois couleurs qui sont eux, cet ensemble incroyable de personnalités si différentes animées par le seul but commun de servir ces couleurs qui les ont vu naitre, ces couleurs que méprise celui qu'ils attendent déjà tous en rangs serrés.

A distance règlementaire l'un de l'autre, ils attendent patiemment que le méprisant viennent rejoindre les officiers supérieurs au milieu du cercle formés par les troupes pour un ultime passage en revue avant le défilé.

Inspection des armes.

Les uniformes déjà inspectés maintes et maintes fois par leurs supérieurs, ce sont maintenant les armes que Catherine veut faire controler dans l'urgence. Au dernier moment, elle vient de se cogner le crâne sur une liste qu'elle n'avait pas encore consultée de la journée. Incapable de la retrouver parmi tous les dossiers et documents entassés sur son petit bureau du poste de commandement, elle l'avait presque oublié quand elle l'a vu glisser sur le sol à la faveur d'un courant d'air provoqué par l'entrée d'un groupe de militaires silencieux dans la longue semi-remorque aux couleurs de la police nationale.

Le choc est douloureux pour la conscience professionnelle de la jeune officière en découvrant la dernière petite ligne qu'elle est incapable de valider à moins d'une demi-heure de l'arrivée du cortège présidentielle. Elle n'a pas grande crainte, mais il lui faut valider ce controle des armements des soldats avant de pouvoir autoriser l'entrée en scène du chef des armées. Un chef des armées qui n'a pas confiance dans ses hommes, cela reste une grande première pour la jeune officière comme pour la république, mais toutes les prises d'armes du quinquennat se sont quand même bien passée malgré cette mesure de sécurité déshonorante pour et incompréhensible pour des soldats aussi dévoués. Elle a beau cherché et ne peut trouver de mesures de crainte qu'à l'époque mitterrandienne et sa peur de la légion étrangère. Le premier président socialiste (y a t-il un lien entre le socialisme et cette crainte de l'armée)

La consigne a bien été passée dans les casernements pour faire procéder à l'enlèvement des percuteurs des fusils d'assaut comme c'est devenu l'habitude depuis l'arrivée au pouvoir de ce président si aimé de ses hommes qu'il ne pense qu'à s'en protéger.

D'abord gênée de l'intrusion des militaires dans son poste de commandement, elle est heureuse de les avoir sous la main pour s'informer du temps qu'il faut à une personne pour s'assurer de la présence ou non du percuteur dans le mécanisme d'un fusil d'assaut.

-En moins d'une seconde, vous le saurez. Il suffit de tirer le levier d'armement pour rendre la tête de mickey apparente dans la fenêtre de chargement. Si mickey a encore son nez, c'est que le percuteur est là, s'il est sans nez, il est inutile. Mais pourquoi voulez-vous savoir ça?

-Merci de l'information, le reste ne vous concerne pas.

-Tout ce qui concerne l'armée nous concerne, sachez-le bien, lui rétorque un des officiers sans obtenir de réponse.

Elle abandonne la conversation d'avec ces militaires pour téléphoner au responsable des fonctionnaires en faction eu haut de l'avenue, quand dans le même temps un des soldats sort pour un même appel au même endroit à l'attention de ses collègues prêts à défiler.

Rassurée d'avoir pu trouver les renforts nécessaires au controle parmi les nombreux agents en civils présents le long du parcours, elle les laisse s'organiser eux-mêmes pour l'inspection aussi imprévue qu'humiliante pour les soldats concernés. Elle le sait, mais compte une fois de plus sur leur légendaire dévouement pour voir cette dernière ligne de la liste validée in extremis. Ses hommes sauront bien s'arranger avec les soldats, ils servent le même pays après tout et ils ont toujours obéit et accepter leur sort en silence.

Même si des dents ont grincé la première fois que la mesure avait été prise à l'occasion des premiers vœux aux armées prononcés par ce président durant la première année de son mandat, ils ont tous enlevé les percuteurs sans mot dire. Pourquoi refuserait-il maintenant ?

C'est aussi ce que se disent les fonctionnaires en civil pour se donner du courage avant de tenter ce qu'ils considèrent comme une mission plus complexes encore que celle d'aller demander ses papiers à un dealer protégé par la justice au pied d'un immeuble de la Seine-Saint-Denis.

Les regards se croisent à la recherche d'un soutien, d'un encouragement avant que les plus anciens fassent preuve de leur sagesse en dévoilant le plan d'action le plus rassurant.

-Je crois qu'on va commencer par les hommes des unités blindés, ils sont moins nombreux. Ça nous permettra de prendre le pouls de l'armée tout en nous permettant de trouver la meilleure façon de les aborder.

-Donc avec ça, on va controler les chars Leclerc. C'est bien ce que tu viens de nous dire, demande un des agents en plaçant la main sur le neuf millimètres qu'il porte à la ceinture.

L'ancien policier préfère ne pas répondre, et ne sait d'ailleurs pas quoi répondre à l'interrogation naturelle de son collègue. Il préfère les entrainer vers le groupe de chars d'assaut d'un geste de la main en se posant la même question lui-aussi en voyant les canons des blindés grossir à mesure de leur approche.

De simples images déjà vus en film, les canons leur apparaissent vite comme les vrais donneurs de mort voulus par leurs créateurs avec ces tubes de cent vingt millimètres incapables de rater leur cible. Immobiles le long de l'avenue, la différence de calibre est telle que le groupe de civils se tourne naturellement vers une approche par l'arrière des engins. Ils savent que jamais un des servants n'oserait s'en servir contre eux, mais le respect qu'inspirent ces monstres silencieux est trop grand pour qu'ils les abordent de face.

Arrivé par l'arrière leur apparait toute la puissance de leur armée et la découverte rassurante de voir que seulement trois hommes composent l'équipage de ces monstres sans réel armement autre que le tueur de char dressé à l'aplomb du conducteur. Minuscule petite boule ronde, le casque du pilote leur donne à sourire et il obtempère avec un sourire réciproque en laissant les policiers controler la seule arme de poing qu'ils ont.

-T'inquiètes pas, monsieur le policier. Si un jour, je veux trouer le président, je ne me servirai pas de mon pistolet. Je prends celui-là, crie le chef de char en tapant de la main sur la base du canon menaçant.

-Et il a un percuteur ?

-A ton avis, répond le sous-officier à la question stupide du civil, mais je te laisse l'enlever.

-On fera comme si c'était fait, venez les gars, on va voir les autres troupes blindés.

Et le petit groupe de civils passe au groupe de militaires suivants. Plus nombreux, mais encore en nombre impressionnables, ils attendent par groupe de moins d'une dizaine d'hommes chacun derrière les véhicules de l'avant-blindé. Les moteurs des célèbres transports de troupe tournent au ralenti. Ils auraient pu les éteindre, mais le manque de pièce et le manque d'entretien les rend si hasardeux au redémarrage qu'ils préfèrent ne plus les couper une fois allumer. Plutôt dépenser du carburant inutilement que risquer de se voir incapable de prendre part au défilé à moins d'une heure de celui-ci.

Une fois présentés dans les règles aux groupes de fantassins en attente derrière les véhicules aux portes grandes ouvertes, les policiers s'apprêtent à faire tirer les premiers leviers d'armement quand la présence de nombreux spectateurs les incite à monter dans les blindés pour effectuer l'inspection. Un peu de discrétion ne fera pas de mal avec tous les smartphones en possession des militaires et civils présents, il serait dommageable pour l'image déjà malmené du président de se voir une nouvelle fois accuser de ne pas faire confiance à l'armée dont il est théoriquement le chef.

-Comme vous voulez annoncent les soldats à chacun des binômes policiers qu'ils poussent dans un ensemble parfait devant eux jusque dans l'intérieur des véhicules.

Les civils tombent lourdement sur les sols métalliques où ils reçoivent une volée de coups de crosse de Famas à laquelle ils ne peuvent riposter tant la précision des coups est parfaite. Tous tentent de porter la main sur leur neuf millimètres de service, mais les hommes aguerris se le passent déjà de main en main en rigolant.

-C'est joli vos jouets, mais ça ne vaut vraiment pas les notres, rigolent les soldats en exhibant leur fusil d'assaut rutilant.

Maintenus contre le sol, les policiers sentent les mains fouiller leurs vêtements à la recherche de toute arme ou de tout objet pouvant devenir une arme, mais seuls les colliers Colson sont sortis des poches arrières. En un tour de main, le zip caractéristique ferme les boucles de plastique sur les poignets des civils allongés entre les rangés de petits sièges des véhicules.

-On vous libère après, ne vous inquiétez pas. On n'a rien contre vous. On veut juste que vous nous laissiez tranquille le temps du défilé. C'est notre fête à nous, pas la votre.

Le spectacle aérien.

Dans le P.C. de commandement, Catherine reçoit l'annonce que toutes les unités terrestres sont prêtes à faire mouvement pour le défilé et que les forces aériennes ainsi que l'avion de transport qui va lancer le spectacle avec les parachutistes sont bien en vol en direction de la capitale autour de laquelle tournent déjà le groupe d'hélicoptères arrivés en avance sur l'horaire.

A l'allure la plus économique possible, les voilures tournantes font leur maximum pour s'assurer assez d'autonomie pour finir la matinée en formation de parade au-dessus des champs-élysée. Ils ne l'entendent pas de leur altitude, mais ils sont toujours aussi appréciés des spectateurs. Pas autant applaudi que les barbus de la légion étrangère, mais bien apprécié par leur côté inhabituel dans le ciel de cette ville interdite au survol de tout aéronef hormis ce jour spécial de commémoration. Au dessus du périphérique, ils volent en suivant les ordres des aiguilleurs du ciel pour ne pas risquer la collision entre eux, comme avec les unités de gendarmerie et de l'Alat prépositionnées pour une intervention en cas d'attaques terroristes.

Des portes ouvertes en grand sortent à demi les silhouettes des snipers. Les jambes en appui sur les marches pieds extérieurs, ils sont prêts à faire feu sur toute cible identifié comme hostile. Que ce soit homme au sol ou pilote d'avion de tourisme ignorant la réglementation, ils sont autorisés à ouvrir le feu sans sommation si un danger est détecté. C'est pour eux la grande nouveauté du quinquennat, avant il leur fallait attendre que la cible soit clairement identifiée quand maintenant, ils peuvent choisir de définir eux-mêmes le niveau de dangerosité d'un individu inconnu en position sur un toit d'immeuble ou de remorque de camion. Ils ont toute latitude d'emploi et attendent avec une appréhension mêlée d'envie ce moment qui leur permettra de détenir le pouvoir de dieu. Ce pouvoir divin que seuls les snipers connaissent en ayant le droit de choisir eux-mêmes si une vie doit continuer ou s'arrêter. Sans que la cible le sache, ils peuvent la juger à distance, l'estimer, la regarder pleurer voire faire ce qui sera leur dernier sourire s'ils le désirent.

Ils attendent pendus entre ciel et terre que des ordres tombent. En compagnie des autres voilures tournantes, c'est une ruche assourdissante qui offre le plaisir de sa présence dans le ciel des quartiers de banlieue peut habitués à avoir, ne serait-ce qu'un simple aperçu de la grande fête républicaine cette année encore plus sélective que les autres années.

A la ruche de rotors hurlants va bientôt se joindre l'avion des forces parachutistes chargées de lancer le spectacle cette année. En avance d'une vingtaine de minutes, ils recevront l'ordre de tourner dans le ciel d'Ile de France en attendant que le président soit confortablement installé sur sa chaise rembourrée dans les tribunes construites en bas de la grande avenue.

Seulement en approche de l'arc de triomphe, il est loin d'être sur sa confortable chaise que Catherine commence à s'inquiéter de tous les petits changements qui s'accumulent dans l'emploi du temps alors que sa petite check-list attend toujours de voir une dernière petite croix la clôturer une bonne fois pour toute. Elle multiplie les appels en direction des agents en civil envoyés inspecter le bon enlèvement des percuteurs des ensembles mobiles des fusils d'assaut. Les sonneries se multiplient sans qu'elle n'obtienne la moindre réponse. Elle pourrait s'inquiéter, mais l'annonce de l'arrivée prochaine du cortège présidentiel la laisse à supposer que les hommes ont éteint les sonneries des téléphones pour ne se consacrer qu'à leur travail qu'elle sait difficile. Venir controler un bon millier de militaires armés jusqu'au dent en étant simplement armé d'une minuscule arme de poing doit déjà être si stressant qu'elle préfère cesser ses appels insistants pour se reporter sur leur professionnalisme et leur capacité d'adaptation. Quoi qu'elle ait demandé à n'importe lequel de ses fonctionnaires jusque-là, cela a toujours été accompli à la perfection en temps et en heure. Il y eut peut-être une ou deux difficultés par le passé, mais toujours les hommes l'ont appelé dès l'apparition du problème qui émanait chaque fois du même endroit et de la même personne.

Cette personne, elle peut la voir assise avec son arrogance coutumière au milieu de la tribune officielle. Toujours hautaine et méprisante, cette femme intrigante qui a réussi l'exploit de devenir garde des sots après des années de militantisme indépendantiste. Elle ne sait ce qu'elle a pu utiliser comme moyen de pression, mais elle peut voir qu'encore une fois, elle a sut jouer des coudes et des relations pour se retrouver au premier rang de cette cérémonie qui ne la concerne plus depuis que son tout aussi arrogant voisin du parti écologiste l'a remplacé parmi le gouvernement.

Catherine enrage de la voir encore sous les ors républicains après tout le mal qu'elle a causé indirectement, mais probablement intentionnellement à cette police qu'elle exècre tout autant, si ce n'est plus, que le drapeau qu'elle défend.

Avec toutes ses décisions de justice incompréhensibles, elle n'a plus laissé comme réel pouvoir aux forces de police, que celui de faire incarcérer durablement les grands criminels routiers au détriment de tous les terroristes et fichés terroristes qu'elle a toujours voulu et su faire libérer en dépit de toutes les mises en garde des professionnels de la sécurité intérieure et des plus grands criminologues. Toujours elle a trouvé des excuses quand ces criminels issus de minorités visibles ont récidivés, toujours elle les a fait libérer. Que ce soit pour viol ou meurtre, elle n'a jamais laissé tomber cette haine de la France et des français qui la faite militer pendant des années pour la sécession des départements d'outre-mer.

Un mois avant, presque jour pour jour, c'est encore un des collègues de promotion de Catherine qui a fait les frais de cette justice ultra-laxiste. Même après son départ, le terrain laissé par l'ancienne ministre reste miné pour de très longues années. Tout comme les plages du débarquement, Catherine a peur que les générations prochaines de petit français continuent à subir ce laxisme du début du siècle. Elle a peur pour ses enfants qu'elle n'a pas encore et qu'elle hésite à faire venir à la vie dans ce monde en pleine déliquescence que son métier lui permet de voir chuter chaque jour un peu plus bas vers le chaos.

Elle a peur de donner naissance à un petit comme son collègue de promotion en avait un. Un beau petit garçon de trois ans devenu orphelin quand le bénéficiaire d'une des mesures laxistes de l'ancienne ministre est passé à l'acte. Fiché parmi les terroristes potentiel et condamné à ce titre, un soir l'homme a décidé de faire ce qu'il avait promis de faire depuis des années.

En transe après des heures de lectures des livres saints de sa religion, il en a appliqué les versets les plus stricts et les plus sanglants en venant frapper à la porte du couple de jeunes parents qu'il a abattu sans la moindre hésitation sous les yeux du petit orphelin de trois ans qu'il n'a peut-être pas tué pour le simple désir de passer pour un terroriste modéré non encore radicalisé.

« A moins qu'il ne l'ait tout bêtement pas remarqué », pense la policière avec une émotion particulière quand ses yeux tombent sur la feuille de mise en garde à vue du vieux général que ses subordonnées ont laissé bien en évidence sur son bureau.

« Je pourrais, je le relâcherais bien maintenant, mais adieu ma promotion si je le fais », se dit la jeune femme en écartant l'idée comme la feuille d'un revers de la main.

-Le défilé aérien est en train de se mettre en place, l'interrompt un de ses agents.

-Qu'ils attendent, merde. Ce n'est quand même pas à moi de faire l'aiguilleur du ciel. Saloperie de militaire. Désolé, rajoute-t-elle à l'intention des muets qui attendent toujours silencieusement dans la remorque de commandement.

-Et d'abord, vous faites quoi ici ?

Les militaires se tournent vers l'officier de police avec l'air surpris avant de répondre le plus naturellement du monde.

-Nous attendons les ordres.

-Quels ordres ?

-ça, on ne le saura que quand on les aura.

Catherine reste perplexe devant une telle logique. Elle a déjà bien assez à faire avec les rapports inutiles de ses hommes qui lui rendent compte de la progression du cortège présidentiel carrefour après carrefour. Elle écoute avec attention, mais en a déjà marre.

« Vivement la fin, que ça change un peu ».

-Le président arrive maintenant en zone verte, annonce un nouveau message pour signifier l'arrivée du cortège entre les troupes militaires attendant le départ le plus loin de l'arc de triomphe.

Par ce message, elle peut enfin se rassurer de savoir l'homme au milieu d'un cordon de protection plus solide que la simple carrosserie de la Citroën. Et maintenant, grace à son arrivée dans le secteur sous vidéo-surveillance, elle peut le suivre pas à pas sur son écran de contrôle.

-Pourquoi il s'arrête ?

Ignorant de la chose militaire.

De l'arrière de la voiture, le président peut voir les premières troupes mécanisés de part et d'autre de la route. En attente pour le défilé, les véhicules tournent au ralenti derrière leurs membres d'équipage rassemblés devant chacun d'eux.

-Ben les voilà tous ces cons, toujours l'air aussi fiers de montrer leurs breloques. Vivement qu'on supprime ce défilé, faut vraiment que ça change.

Invisible derrière les vitres teintées, il regarde les premiers hommes avec l'habituel air méprisant qu'il réserve à tous les porteurs d'uniforme vert quand il réalise que les hommes restent tous passifs sur son passage. Il peut même voir l'un d'entre eux continuer à fumer tranquillement son mégot en jouant sur son smartphone sans que cela paraisse le déranger le moins du monde.

-Halte ! Crie le présiflan au chauffeur de sa voiture qui stoppe en plein milieu de la rue pour le plus grand stress du service de sécurité qui le suit dans d'autres véhicules du cortège.

Les monospaces manoeuvrent le plus rapidement possible pour se placer en mur protecteur de chaque côté de la voiture officielle. Les portes coulissantes ouvertes, les gardes du corps d'élite sortent avec les pistolets mitrailleurs en évidence. Ils improvisent un cordon de sécurité autour de ce président qui n'arrête pas de leur faire des frayeurs. Inconscient des dangers, comme de beaucoup d'autres choses, il est le seul à avoir penser pouvoir se rendre sur les lieux des attentats commis par les terroristes à Paris quand l'odeur de poudre encore présente aurait incité le plus stupide des hommes à rester sagement à l'écart en attendant que la sécurité soit vraiment installé, mais lui n'en a fait qu'à sa tête. Et il n'en fait toujours qu'à sa tête en se dirigeant bille en tête droit contre le soldat qui écrase seulement sa cigarette au moment où le président se place devant lui.

-Vous faites quoi ? demande le président d'un ton sévère à l'homme qui le dépasse d'une bonne tête et demie.

-Ben, j'attends pour défiler. Que voulez-vous que je fasse déguiser un quatorze juillet en plein centre de Paris.

-Vous vous prenez pour qui ?

-Un militaire qui fait son job du mieux qu'il peut, et vous ?

-Quoi, et moi ?

-Ben oui, vous êtes qui à venir m'agresser comme ça. C'est pas parce que vos copains ont l'air costaud qu'il faut faire le malin.

-Je suis le chef des armées, et vous me devez respect et obéissance.

-Ah c'est vous. Au temps pour moi, je ne vous avais pas reconnu. Alors enchanté, moi, c'est Alexandre.

  Le président rougit de rage et éclate presque en invectivant le trublion.

-Votre nom et votre grade, je vais vous casser.

-Mon nom et mon grade sont sur mon uniforme. Un vrai chef des armées est sensé le savoir, non ?

Vexé, le présiflan tourne les talons pour regagner sa voiture sous les sifflets discrets mais prégnants des camarades de l'indiscipliné Alexandre.

-Vous verrez à ce que toute cette unité soit dissoute et ses membres licenciés sans le moindre espoir d'indemnité chômage.

-Bien monsieur le président, répond le discipliné général avant de reprendre sa place dans la voiture avec un regard aussi noir que les vitres des véhicules du cortège.

Les monospaces reprennent leur place et le cortège s'ébroue enfin pour la dernière ligne droite quand l'annonce de l'approche des avions de transport retentit de nouveau.

-Je m'en fous. Coupez-moi cette ligne. Je ne veux plus rien savoir de leurs avions et hélicoptères. Il me saoule.

Catherine abandonne sa place derrière l'écran pour une cigarette en cachette derrière la remorque du poste de commandement. Le dos appuyé contre la paroi, elle contemple la fumée avec intérêt. Ses volutes sont libres, ils volent comme ils veulent quand ils veulent. Comme les avions des indisciplinés, mais au moins cette fumée ne vient pas l'emmerder.

« Je vais tous les sacquer !!! », se répète le présigland à mesure de l'avance de son cortège. Aucune des troupes ne le saluent avec le respect qui lui est dû. Il est le monarque, « Quand même », comme dirait un de ses ministres. Il enrage de cette insolence et se promet de commencer le défilé par cette remarque. On verra bien si le chef de cette bande de mercenaires saura quoi répondre quand il va le retrouver pas loin de la tombe de ce soldat inconnu qui, lui, devait savoir qu'il faut saluer les grands hommes de ce monde comme lui, le chef d'une ancienne grande puissance. Certes, elle l'est un peu, beaucoup moins, depuis son accession au pouvoir, mais il dispose encore du code qui commande la valise de commande des armes nucléaires. Si ça, ce n'est pas une preuve de pouvoir, pense le président en dépassant la glorieuse escorte équestre qui calme les chevaux dans l'attente de son arrivée.

Quelques chevaux semblent saluer d'un hennissement l'arrivée du grand chef de cette armée déshéritée. Parents pauvres des budgets, certains des hommes rassemblés autour du grand monument craignent de se voir un jour remplacer les voitures et camions par des véhicules hippomobiles, dans le meilleur des cas, si les budgets continuent à fondre à ce rythme au profit des œuvres de réinsertion ou des ravalements de façade des immeubles de banlieue ; comme si un coup de peinture empêchait un jeune de caillasser un policier ou un pompier. Les hommes y pensent tous, sans le dire. Ils restent la grande muette. Ils ne parlent pas, ils agissent.

Spectacle en avance.

Les monospaces s'arrêtent autour du groupe d'officiers généraux rassemblés au milieu de la chaussée pour accueillir le président. Heureux de voir leur première mission de la journée se terminer ainsi, les gardes du corps en costard se voient soulager de pouvoir prendre une petite pause le temps de ce défilé qui voit la sécurité du chef de l'état entièrement confié aux forces armées. Eux n'auront plus qu'à attendre la fin en jouant à « Boom Beach » pour ensuite reprendre le colis qu'ils devront ramener à bon port dans la cour du palais du monarque socialiste.

D'un salut règlementaire, le chef du détachement d'escorte officialise la passation de commandement de la protection présidentielle et les hommes soufflent en allant se mettre de côté pendant que les chevaux et motos de la garde républicaine viennent prendre position autour du président. Chevaux en tête, les motards viennent prendre place autour du command-car avec précision. La manœuvre a été répétée à de très nombreuses reprises pour que ce soit une bulle infranchissable qui entoure le président. Quel que soit l'angle de tir ou la position du tireur, il est impossible d'avoir la moindre chance de réaliser un coup au but sans devoir déjà abattre l'un des motards.

Tout a été pensé en ce sens. Le temps que l'arme soit rechargé après qu'un des motards de l'escorte ait été abattu, le tireur serait irrémédiablement repéré et neutralisé à son tour. Que ce soit par un des membres de l'escorte elle-même ou par un des tireurs d'élite posté sur les toits, il n'y a aucune solution d'attaque pour une attaque en solitaire. Tout le monde le sait, et le président aussi quand il vient bomber le torse devant les généraux qu'il bombarde de reproches avant de répondre à leur salut.

-Vous vous rendez compte du comportement de vos hommes. L'un d'eux ne m'a pas reconnu et toute son unité a rigolé de me voir humilié comme ça. Je veux et j'aurai des sanctions.

-Mais pourquoi des sanctions, et pour quel motif ?

-Vous n'allez pas vous y mettre vous aussi. Et c'est quoi ce bruit ?

-Ah, je crois que c'est l'armée de l'air qui a un peu d'avance.

  Le président n'en revient pas. Son général sourit de savoir le défilé courir droit à l'échec du fait d'une erreur de timing d'une des branches de l'armée, et il sourit.

-Pourquoi de l'avance ?

-Pourquoi pas, et regardez comme ils sont beaux ces avions.

  Trois Transalls apparaissent en « V » parfait au-dessus de l'horizon avec des grappes noires qui surgissent de chacun. Par les flancs et la trappes arrière, des ombres noires tombent dans le vide avant d'ouvrir de Grands rectangles noirs eux aussi. Tous lancés dans le ciel, ce sont plus d'une centaine d'hommes qui se laissent porter par le vent. Masqués par le bruit des bimoteurs à hélice, ils glissent en silence quand les avions de transport disparaissent au-dessus des toits de la capitale. Entrainés à la chute libre, les ombres noires se regroupent au cours de la descente pour passer en nuage à la verticale de l'arc de triomphe. Rodés aux techniques de saut, tous ces représentants de l'élite du treizième régiment de dragons parachutistes tirent exactement au bon moment sur les suspentes de leur voile avec un seul et même objectif. Ils se sont entrainés des heures pour atteindre leur but d'un atterrissage groupé parfait et enfin est venu pour eux l'heure de montrer leur niveau d'excellence à la planète entière via les caméras que le monde entier a rassemblé pour ce dernier moment de grandeur française, ce défilé qui fait rêver à travers le monde.

-Mais pourquoi trois avions ?

-Parce que c'est le minimum pour une opération comme celle-là !

-Quelle opération ?

  Les généraux rigolent en chœur devant la réaction hilarante de leur petit président à la peau écarlate recouverte de perles de sueur. La grosse veine qui traverse son front bat à une cadence infernale. La gauche molle semble soudain prise dans un sursaut d'activité. Enfin, il y a de la croissance. A défaut de la courbe du chômage, c'est la courbe de son cardio qui grimpe vers des sommets himalayesque.

Les dragons parachutistes touchent le sol en douceur les uns après les autres. Professionnels jusqu'au bout, ils tirent les parachutes à eux, les roulent en boules qu'ils entassent devant l'orchestre de la police nationale avant de se déployer en ordre de combat. Tout autour de la tribune officielle, ils offrent une parfaite démonstration de leur savoir-faire en se plaçant trinôme après trinôme aux emplacements exacts qu'il faudrait tenir pour sécuriser une zone comme celle-là.

D'abord surpris de ce déploiement en avance sur le programme, les spectateurs les plus attentifs et intéressés par la chose militaire saluent cette exhibition d'une volée d'applaudissements audibles depuis le sommet de l'avenue où l'annonce de leur mise en place est entendu par les généraux en même temps que par la ruche d'hélicoptères qui prend sa place pour le défilé.

Toute la gamme française survole le président en rage.

-Je vous casserai tous. Vous êtes limogés, tous autant que vous êtes.

-Et par qui ? Lui demande l'un des généraux.

-Par qui, par qui. Le président en perd son souffle d'entendre une question aussi bête. Mais par moi, je suis le chef des armées. Je suis votre chef au cas où vous l'auriez oublié.

-Vous ne l'êtes plus. C'est fini pour vous. Nous vous arrêtons pour haute trahison et manquement aux devoirs qui vous étaient confiés par mandat.

-Haute trahison ? Mais vous ne pouvez pas, ça n'existe plus. J'ai fait retiré cette peine du code pénal durant ma première année de mandat.

-Prévoyant, donc nous pourrons rajouter que c'était prémédité. Et nous prenons le commandement du pays jusqu'à ce que de nouvelles élections soient organisées au nom du peuple de France et du serment que nous avons tous prêté à l'issue de notre formation d'officier.

-Quel serment ? Demande le président au pouls si élevé qu'il manque de percuter les rotors de la dizaine d'hélicoptères.

-Le serment de protéger et de servir la France et son peuple.

La grande muette agit, et maintenant, elle parle.

Police en soucis.

Affolée par le vacarme des avions et l'approche des hélicoptères, Catherine jette sa énième cigarette sans prendre le temps de la finir. Elle court jusqu'à l'escalier de la semi-remorque pour découvrir trois hommes en noir qui lui en interdisent l'entrée sous le regard amusé d'un des militaires qu'elle avait autorisés à rester un peu plus tôt. Du haut de l'escalier métallique, le soldat donne un signe de tête à ses hommes pour qu'il la désarme et la menotte. Attachée au pied de l'escalier, elle ne peut rien faire contre la scène qui se déroule sous ses yeux. Dans le fracas des rotors, les tireurs d'élite stationnés sur les toits se lèvent un à un.

Devant les canons des hélicoptères Tigre et gazelle, aucun des hommes n'osent tenter quoi que ce soit. Les armes sur les bipieds, ils lèvent les mains au ciel face à ces chars volants qui les tiennent en joue avec leur canon et roquettes antichars jusqu'à ce que les équipes de soldats déposés sur le bout de chacun des toits par les hélicoptères de transports Puma viennent les menotter avec une relative douceur.

Les hommes posés sur les toits placent les tireurs d'élites immobilisés de la manière la plus confortable possible avant de s'emparer de leurs armes qu'ils braquent chacun vers un objectif différent. Tous ont appris la leçon et se tiennent prêt à neutraliser les éventuels opposants issus de la police nationale comme de la tribune officielle tenue en respect par les hommes en noirs en attendant qu'une force conséquente viennent les renforcer.

L'annonce de la mise en place faite, les hommes des unités mécanisés sautent dans les blindés de transport. De chaque côté des policiers attachés sur le sol, ils éructent de bonheur. Enfin, ils vont faire entendre leur mécontentement à ce gouvernement qui les a trahis et menés à la mort sans jamais avoir la moindre gêne à sacrifier les meilleurs des enfants de la nation pour leurs propres intérêts.

V.A.B. et V.B.L. se ruent à toute allure le long de la grande avenue pour stopper dans des crissements de pneus en face de la tribune en panique. Pour la première fois unis dans l'action, tous les politiciens se lèvent comme un seul homme pour courir dans la direction des escaliers qu'une équipe jaillie d'un des blindés vient bloquer avec une rafale de famas envoyée vers le ciel.

Blindés et chars d'assaut se place en quinconce à chacune des extrémités de la rue qu'il bloque irrésistiblement pendant que le président se voit dans l'obligation de trotter du mieux qu'il peut derrière le Command-car auquel ses mains attachées entre elles sont reliés par une corde. Spectacle risible que de voir le président qui hier encore les méprisait trotter à bout de souffle vers la sanction qui l'attend au bout du chemin.

Car la sanction est là. Elle a été décidé en amont de l'action. Et tous l'ont voulu la plus traditionnelle possible avec le choix qui a été fait d'en charger le Sapeur Rajkovic.

Descendue avec le premier des blindés, le légionnaire attend. De sa main, il caresse la barbe droite qu'il fait pousser pour ce moment depuis le mois de janvier. Il attend ce moment depuis si longtemps. Pour sa femme et sa sœur, il veut que le geste soit parfait. Mortes au Bataclan sous les balles des terroristes que lui était en train d'assister lors d'une mission non officielle en Syrie, il n'en peut plus d'avoir été le responsable de la mort de ses proches.

Il ne pense qu'à ça en voyant le petit bonhomme à la tête écarlate venir en courant jusqu'à lui. Il ne pense qu'à cette légitime sanction pour un monarque qui soutient les terroristes égorgeurs. Pour la première fois depuis l'automne précédent, il sourit, c'est une sensation étrange après tous ces mois passés le visage fermé. Les muscles des joues lui font mal, mais maintenant que le Command-Car s'est arrêté devant lui, il sourit. La hache sur l'épaule, il sourit à ce monarque si habitué aux ors de la république qu'il en a perdu tout sentiment humain de solidarité avec ceux qui l'ont élu. Il sourit quand le général fait mettre le président en pleurs sur les genoux. Il sourit quand c'est son camarade de combat qui plaque la tête du despote contre le macadam.

Il sourit quand le général hurle au gouvernement l'annonce d'un nouveau monde. Il sourit quand il l'entend cette annonce qui tombe aussi lourdement que sa hache contre le cou flasque du corps partagé en deux morceaux inertes.

Oui, il sourit et ils sourient tous en entendant ce général répéter le mot d'ordre.

-Mesdames et messieurs. Le changement, c'est maintenant.